سو جاؤ، ننھے بھیڑئیے

जम के सोना , छोटे भेड़िये

Ulrich Renz · Barbara Brinkmann

پرسکون نیند سو جاؤ، ننھے بھیڑئیے

जम के सोना , छोटे भेड़िये

ترجمہ:

Muhammad Yahya, Dr. Laila Mushfa (اردو)

Ankush Gupta (ہندی)

sefa

شب بخیر، ٹم! ہم کل اپنی تلاش جاری رکھیں گے۔
اب سکون سے سو جائو۔

शुभरात्रि टिम ! हम कल यह खोज जारी रखेंगे ।
जम के सो जाओ !

باہر پہلے ہی اندھیرا ہو گیا ہے۔

बाहर पहले ही अंधेरा हो चुका है ।

ٹم کیا کر رہا ہے؟

टिम वहां क्या कर रहा है?

وہ کھیل کے میدان میں جانے کے لیئے نکل رہا ہے۔
وہ یہاں کیا تلاش کر رہا ہے؟

वह खेल के मैदान की ओर जा रहा है ।
वह क्या खोज रहा है वहां ?

ننھے بھیڑئیے!
وہ اس کے بغیر نہیں سو سکتا۔

यह छोटा भेड़िया !

इसके बिना वह सो नहीं सकता ।

یہ کون آ رہا ہے؟

यह कौन आ रहा है ?

میری! وہ اپنی گیند تلاش کر رہی ہے۔

मेरी ! वह अपनी गेंद खोज रही है ।

اور ٹوبی کیا ڈھونڈ رہا ہے؟

और टोबी क्या खोज रही है ?

اپنا کھدائی کرنے والا آلہ۔

उसके खोदने का यंत्र ।

اور نالا کیا ڈھونڈ رہی ہے؟

और नाला क्या खोज रही है ?

اپنی گڑیا۔

अपनी गुड़िया !

کیا بچوں کو بستر پہ نہیں جانا ہے؟
بلی بہت زیادہ حیران ہوئی۔

क्या बच्चों को सोना नहीं है ?
बिल्ली इस गहरी सोच में है ।

7
Chez Martin

اب کون آ رہا ہے؟

अब कौन आ रहा है ?

ٹم کے امی اور ابو!
وہ اپنے ٹم کے بغیر نہیں سو سکتے۔

टिम के माता और पिता !
वे अपने टिम के बिना सो नहीं सकते ।

ان میں سے زیادہ تر لوگ آ رہے ہیں!
میری کے ابو، ٹوبی کے دادا اور نالا کی امی۔

और लोग आ रहे हैं ! मेरी के पिता ।
टोबी के दादाजी । और नाला की माँ ।

اب جلدی بستر پہ جائو!

अब जल्दी से बिस्तर पर जाओ !

شب بخیر، ٹم! کل ہمیں مزید تلاش نہیں کرنا ہوگا۔

शुभरात्रि टिम !

कल हमें और खोजना नहीं पड़ेगा ।

پرسکون نیند سو جاؤ، ننھے بھیڑئیے!

जम के सोना , छोटे भेड़िये !

مصنفين

Ulrich Renz was born in Stuttgart, Germany, in 1960. After studying French literature in Paris he graduated from medical school in Lübeck and worked as head of a scientific publishing company. He is now a writer of non-fiction books as well as children's fiction books.

www.ulrichrenz.de

Barbara Brinkmann was born in Munich in 1969 and grew up in the foothills of the Bavarian Alps. She studied architecture in Munich and is currently a research associate in the Department of Architecture at the Technical University of Munich. She also works as a freelance graphic designer, illustrator, and author.

www.bcbrinkmann.de

Do you like drawing?

Here are the pictures from the story to color in:

www.sefa-bilingual.com/coloring

Enjoy!

جنگلی ہنس

مأخوذة عن قصة لهانز كريستيان اندرسن

► Recommended age: 4-5 and up

ہینس کرسٹن اینڈرسن کی کہانی جنگلی ہنس، دنیا کی مشہور ترین بامقصد پریوں کی کہانیوں میں سے ایک ہے۔ یہ کہانی انسانی ڈرامہ کے ہر موضوع ؛ خوف، بہادری، محبت، دھوکہ، جدائی، اور ملن کا بہت خوبصورتی سے احاطہ کرتی ہے۔

Available in your language?

► Check out with our „Language Wizard“:

www.sefa-bilingual.com/languages

My Most Beautiful Dream

► Reading age: 2-3 and up

Lulu can't fall asleep. All her cuddly toys are dreaming already – the shark, the elephant, the little mouse, the dragon, the kangaroo, and the lion cub. Even the bear has trouble keeping his eyes open…
Hey bear, will you take me along into your dream?
Thus begins a journey for Lulu that leads her through the dreams of her cuddly toys – and finally to her own most beautiful dream.

Available in your language?

► Check out with our „Language Wizard":

www.sefa-bilingual.com/languages

www.sefa-verlag.de

IT: Paul Bödeker, Freiburg, Germany

Font: Noto Sans

ISBN: 9783739919133

CPSIA information can be obtained
at www.ICGtesting.com
Printed in the USA
LVHW070729040423
743407LV00008B/202